Forlag: BoD · Books on Demand, Strandvejen 100, 2900 Hellerup, bod@bod.dk
Tryk: Libri Plureos GmbH, Friedensallee 273, 22763 Hamborg, Tyskland

ISBN: 978-87-7114-004-0

Dafina Binaku Jensen og Robotten

Pengemagi- En guide til smart økonomi for unge

Forlag: BoD · Books on Demand, Strandvejen 100, 2900 Hellerup, bod@bod.dk
Tryk: Libri Plureos GmbH, Friedensallee 273, 22763 Hamborg, Tyskland

ISBN: 978-87-7114-004-0

Indholdsfortegnelse

Forord

Privatøkonomi burde være et fag i folkeskolen. Det er basal viden, som alle unge burde lære, så de kan træffe kloge økonomiske valg tidligt i livet.

Mange voksne kæmper med økonomi, fordi de aldrig har fået en grundlæggende forståelse for, hvordan penge fungerer.

Mit mål med denne bog er at gøre det lettere for unge at få adgang til den basisviden, som kan hjælpe dem til en stærkere økonomisk fremtid.

Min baggrund er inden for økonomi, og jeg arbejder til daglig som økonomichef. Gennem mit arbejde ser jeg, hvor stor en forskel det gør at have økonomisk forståelse – ikke kun i virksomheder, men også i hverdagen.

Derfor ønsker jeg at dele min viden med unge mennesker, så de får en god start på forståelsen af økonomi og bedre forudsætninger for at styre deres egne penge og træffe gode beslutninger om deres fremtid.

Denne bog er skrevet i et letforståeligt sprog og giver en praktisk introduktion til privatøkonomi.

Her kan du læse om alt fra opsparing og budgettering til investering og forbrugerrettigheder.

God læselyst!

Kapitel 1: Hvad er penge?

Penge er en del af vores hverdag. Vi bruger dem til at købe mad, tøj, spil og meget mere. Men hvad er penge egentlig, og hvorfor er de så vigtige?

Pengenes historie

For mange tusinde år siden fandtes der ikke penge, som vi kender dem i dag. I stedet byttede folk varer med hinanden.

Hvis en bonde havde æbler, men manglede brød, kunne han bytte æbler med en bager, der havde brød. Dette kaldes byttehandel, men det var ikke altid praktisk. Hvad nu hvis bageren ikke havde brug for æbler?

Derfor begyndte mennesker at bruge metaller som guld og sølv til at handle med. Disse metaller havde værdi i sig selv og var nemmere at bytte, fordi alle var enige om, at de var værdifulde.

Senere opfandt man mønter og sedler, og i dag findes der endda digitale penge, som vi ikke kan røre ved, men kun ser på en skærm – som fx MobilePay, netbank eller betalingskort.

I dag er penge ikke længere noget, vi nødvendigvis har fysisk i hånden.

De fleste af os får løn ind på en konto, betaler med telefonen eller handler online. Det gør det nemt og hurtigt at købe ting, men det betyder også, at vi skal være ekstra opmærksomme på, hvordan vi bruger pengene – for det kan være sværere at holde styr på dem, når de kun eksisterer digitalt.

Penge er altså ikke bare mønter og sedler – de er et værktøj, som vi bruger til at bytte vores tid, energi og idéer for at få det, vi har brug for. Jo bedre vi forstår dem, desto bedre kan vi bruge dem smart!

Kontanter, kort og digitale penge

I dag findes der mange måder at betale på – og det ændrer sig hele tiden i takt med, at teknologien udvikler sig.

Hvor man før altid havde kontanter på sig, bruger mange i dag mobiltelefonen til at betale.

Her er de mest almindelige betalingsformer:

- **Kontanter**: Det er mønter og sedler, som du kan holde fysisk i hånden. Kontanter giver dig en konkret fornemmelse af, hvor mange penge du bruger, fordi du ser dem forsvinde én for én. Nogle steder – som i små kiosker eller til loppemarkeder – kan kontanter stadig være praktiske.
- **Betalingskort**: Et betalingskort som Dankort, Visa eller Mastercard er koblet til din bankkonto og gør det muligt at betale uden at have kontanter med. Kortet kan både bruges i butikker og online, og mange butikker har endda kontaktløs betaling, hvor du bare "tapper" kortet på terminalen.
- **Digitale betalinger**: Apps som MobilePay, Apple Pay og PayPal gør det muligt at sende penge direkte fra din mobil. Du kan betale i butikker, overføre til venner eller betale online – uden at bruge hverken kontanter eller kort. Det er hurtigt og nemt – men det kan også gøre det sværere at holde styr på dit forbrug.

Mange mennesker – især unge bruger næsten kun digitale penge i dag. Det er smart og praktisk, men det kan også føre til, at man bruger flere penge, end man egentlig har planlagt. Når man ikke ser pengene forsvinde fysisk, er det nemt at glemme, hvor meget man har brugt.

Derfor er det vigtigt at lære at forstå og styre pengene, uanset hvordan du betaler. Et godt tip er at tjekke sin konto jævnligt og bruge budget-apps, der kan hjælpe dig med at få overblik over dit forbrug.

I de næste kapitler lærer du, hvordan du **tjener, sparer og bruger dine penge klogt**, så du kan holde styr på din økonomi – uanset om du betaler med mønter, kort eller klik.

Øvelsesopgave – hvad er penge?

Forestil dig, at du lever i en tid, hvor der **ikke findes penge**. Du har noget, du gerne vil bytte – men du skal finde én, der vil bytte med dig.

1. Hvad har du at bytte med?
(Skriv én ting, du kunne tilbyde – fx æbler, en tjeneste, noget du har lavet)

---

2. Hvad vil du gerne have til gengæld?
(Skriv én ting, du har brug for – fx mad, tøj, hjælp til noget)

---

3. Hvad kunne gøre det svært at bytte?
(Skriv én udfordring ved byttehandel)

---

4. Hvorfor tror du, mennesker opfandt penge?
(Skriv med dine egne ord, hvorfor det blev nødvendigt med mønter og senere digitale penge)

KAPITEL 2: INDTÆGTER – HVOR KOMMER PENGE FRA?

Penge vokser desværre ikke på træer – selvom det ville være ret smart! I stedet skal vi gøre noget for at tjene dem. Men hvad betyder det egentlig at "tjene penge"?

Det handler i bund og grund om én ting: **at skabe værdi for andre mennesker**.

Når du løser et problem, gør en opgave lettere eller skaber noget, andre gerne vil have – så har du skabt værdi. Og ofte er folk villige til at betale penge for den værdi, du skaber. Det gælder, uanset om du vasker en bil, sælger en brugt cykel eller laver underholdende videoer.

Jo mere du forstår, hvad andre har brug for – og hvordan du kan hjælpe dem, desto bedre bliver du til at tjene penge.

Det gælder både i det små, når du starter med lommepenge, og senere i livet, når du måske starter din egen virksomhed.

Uanset hvordan du vælger at tjene penge – med hænderne, hovedet eller online – så spørg dig selv:

“Hvordan skaber jeg værdi for nogen?”

Det kan være:

- At spare tid for andre
- At hjælpe nogen med noget, de ikke selv kan
- At give folk noget at smile af eller lære noget nyt
- At levere et produkt, de har brug for

Når du tænker i værdi, i stedet for bare “hvad kan jeg tjene?”, bliver du ikke kun dygtigere til at tjene penge – du bliver også mere bevidst, stolt og uafhængig.

Lommepenge

Mange får deres første penge som lommepenge, fra forældre eller bedsteforældre. Det kan være et fast beløb hver uge eller måned, eller det kan være noget, du får, når du hjælper til derhjemme.

Lommepenge kan virke som en lille ting, men de er faktisk en fantastisk mulighed for at lære at håndtere penge.

Det er her, du kan begynde at øve dig i at forvalte din egen økonomi: Vil du bruge dem med det samme? Spare op til noget større? Eller måske dele dem op, så du både har lidt sjov og noget sikkerhed?

Nogle familier giver lommepenge uden krav, mens andre kobler dem til pligter – som at rydde op, tage opvasken eller hjælpe med madlavning.

Uanset hvordan du får dem, er det en god idé at lave en simpel plan:

- Hvor meget vil du bruge?
- Hvor meget vil du spare?
- Har du lyst til at give noget videre til andre, fx til en velgørenhed?

At lære det allerede som ung gør det meget lettere at styre en større økonomi senere.

Småjobs og fritidsarbejde

Når du fylder 13 år, kan du begynde at tjene dine egne penge ved at tage småjobs. Her er nogle idéer til, hvordan du kan tjene penge i din fritid:

- **Hjælpe naboer og familie** – Gå med hunde, slå græs, skovle sne eller hjælpe med havearbejde.
- **Passe børn** – Mange forældre har brug for en barnepige til deres små børn.
- **Sælge gamle ting** – Hvis du har legetøj, bøger eller tøj, du ikke længere bruger, kan du sælge det på loppemarkeder eller online.
- **Avisruter** – Et job med at dele aviser og reklamer ud.
- **Fritidsjob** - Fritidsjob i butikker, på caféer eller i supermarkeder. Disse job giver dig en fast løn og god erfaring med at arbejde.

At tjene penge online

Teknologi har gjort det nemmere end nogensinde før at tjene penge hjemmefra. Men det kræver, at du er nysgerrig og villig til at lære noget nyt. Her handler det stadig om at skabe værdi – bare digitalt. Her er nogle eksempler:

- **Sælge produkter online**: Lav dine egne smykker, tøj eller digitale ting som plakater eller e-bøger – og sælg dem på forskellige platforme, for eksempel Etsy eller Instagram.
- **Lave videoer eller content:** Er du god til at fortælle historier, underholde eller lære fra dig? Lav videoer på YouTube, TikTok eller Instagram. Hvis du opbygger en følgerskare, kan du tjene penge på reklamer, samarbejder og sponsorater.
- **Freelance-arbejde**: Er du god til at tegne, skrive, oversætte eller lave musik? Der findes platforme, hvor du kan tilbyde dine evner og blive betalt.
- **Teste hjemmesider og apps**: Virksomheder betaler for din mening – du skal bare bruge din telefon og fortælle, hvad der fungerer, og hvad der ikke gør.

Men husk: Online-verdenen rummer også svindel og falske løfter, så vær altid kritisk og pas godt på dig selv. Uanset hvordan du vælger at tjene penge, er det også vigtigt at tænke over, hvad du vil bruge dem til. Vil du spare op? Købe noget specielt? Eller måske investere i din fremtid?

Øvelsesopgave – Hvor kommer penge fra?

1. Tænk over, hvordan du kunne tjene penge allerede i dag.

- Skriv **én ting du er god til** eller kan lide at lave

____

2. Hvem kunne have glæde af det, du kan tilbyde?

- (Fx naboer, familie, venner eller online følgere)

____

3. Hvordan skaber det værdi for dem?

- (Fx du hjælper dem, sparer dem tid eller giver dem noget de mangler)

____

4. Hvad ville du gøre med pengene, du tjener?

- (Fx spare op, købe noget særligt, donere, investere)

____

KAPITEL 3: AT FORSTÅ VÆRDI: HVAD KOSTER TING EGENTLIG?

Når du bruger penge, køber du noget – måske en snack i kantinen, et nyt computerspil eller en gave til en ven. Men har du nogensinde tænkt over, hvorfor ting koster det, de gør? Hvad bestemmer prisen?

Hvordan priser sættes

Har du nogensinde undret dig over, hvorfor en is koster 20 kr., mens en telefon koster 10.000 kr.? Det handler ikke kun om, hvad ting *er*, men om hvad der ligger bag dem.

Her er de vigtigste faktorer, der bestemmer en pris:

- **Produktionsomkostninger**

Det koster penge at lave ting. Materialer, arbejdskraft, maskiner og fragt er med i prisen. Jo dyrere det er at producere noget, jo højere bliver salgsprisen.

- **Efterspørgsel**

Hvis *mange* mennesker vil købe en bestemt ting, kan prisen stige – fordi folk er villige til at betale for det. Det kaldes "efterspørgsel". Tænk bare på populære sneakers eller koncertbilletter.

- **Udbud og konkurrence**

Hvis mange butikker sælger det samme produkt, prøver de at tilbyde den bedste pris. Det skaber konkurrence, som ofte får priserne til at falde – og det er godt for dig som forbruger!

🧠 Når du forstår dette, kan du bedre vurdere, om noget er prisen værd. Tænk over:

- Hvor længe varer det?
- Hvor meget bruger du det?
- Er der billigere alternativer, der kan det samme?

Reklamer og hvordan de påvirker dig

Reklamer er overalt – på tv, sociale medier, busser og i spil. Vi bliver udsat for reklamer i næsten alle vågne timer af døgnet. De kommer i mange forklædninger. Selv opstillingen af varerne i dagligvarebutikkerne er gennemtænkt, har du lagt mærke til at slikket altid står tættest på kassen, hvor man gør et stop i butikken for at stå i kø?

Vi lever i et samfund, hvor vi konstant bliver udsat for reklamer der prøver at overbevise os om at købe ting, som vi måske ikke har brug for. Her er nogle af de tricks der bliver brugt i reklamer:

- **FOMO (Fear of Missing Out)**: De får dig til at tro, at du går glip af noget, hvis du ikke køber nu.
- **Kendte mennesker og influencere**: Hvis en kendt person bruger et produkt, føler vi ofte, at vi også bør købe det.
- **Tilbud og rabatter**: "Køb 2, betal for 1!" – men har du virkelig brug for to?

En god regel er at spørge dig selv: *Har jeg virkelig brug for dette, eller er det reklamen, der får mig til at tro det?*

Når du lærer at forstå værdi, bliver du en klog forbruger og sparer penge til de ting, der virkelig betyder noget!

Smart forbrug – hvordan man undgår impulskøb

Det kan være fristende at bruge penge med det samme, men nogle gange køber vi ting, vi ikke har brug for. Her er nogle gode råd til at undgå impulskøb:

- **Vent 24 timer** – Hvis du vil købe noget dyrt, så vent en dag. Hvis du stadig vil have det, er det måske en god investering.
- **Lav en liste** – Hvis du går i en butik, så lav en liste og hold dig til den.
- **Sammenlign priser** – Tjek, om du kan finde en billigere version af det, du vil købe.
- **Tænk over, om det er pengene værd** – Ville du stadig købe det, hvis det betød, at du måtte droppe noget andet?

Hvis du lærer at styre dine penge og lave et budget, vil du få mere frihed og færre bekymringer. At være en klog forbruger betyder, at du kan bruge dine penge på de ting, der virkelig betyder noget!

KAPITEL 4: BUDGET – LÆG EN PLAN FOR DINE PENGE

Det er let at bruge penge og hvis du ikke holder styr på dem, kan de forsvinde alt for hurtigt. Et budget hjælper dig med at se, hvor dine penge går hen, så du kan tage bedre beslutninger om, hvordan du bruger dem at sikre dig at du har penge nok til de ting du gerne vil.

Et budget er det vigtigste værktøj at kende og kunne bruge, så hvis du er kommet så langt i bogen, så er du nu kommet til det vigtigste du skal lære.

Indtægter vs. udgifter

For at lave et budget skal du først forstå, hvad du tjener, og hvad du bruger dine penge på.

- **Indtægter**: De penge, du får – fx SU, lommepenge, småjobs eller gaver.
- **Udgifter**: De penge, du bruger – fx snacks, biografbilletter, spil, abonnementer eller husleje.

Ved at skrive dine indtægter og udgifter ned kan du hurtigt se, om du bruger mere, end du tjener. Hvis du bruger for meget, kan det være nødvendigt at skære ned på visse ting. Men først og fremmest, er det vigtigt at have overblikket over indtægter og udgifter.

Det kan også være at du i stedet for at skære ned på nogle udgifter, vælger at du skal øge dine indtægter, ved at tjene flere penge. Det vigtigste er at forstå at de to hænger sammen. Det handler i bund og grund også om hvad der har mest værdi for dig.

Faste og variable udgifter

Udgifter er de penge, vi bruger, men de kommer i to former:

Faste udgifter: Det er udgifter, du betaler hver måned, og som næsten aldrig ændrer sig. For eksempel:

- Mobilabonnement
- Buskort eller togkort
- Netflix eller anden streamingtjeneste
- Husleje (hvis du selv bor for dig selv)

De faste udgifter er som “penge, du allerede har lovet væk”. De skal betales – hver måned.

Variable udgifter: Disse er ikke ens hver måned – og dem har du mere kontrol over. For eksempel:

- Mad og snacks
- Tøj og sko
- Biografture og cafébesøg
- Gaver og hyggeindkøb

At kende forskellen mellem disse hjælper dig med at styre dine penge bedre. Hvis du har mange faste udgifter, har du færre penge til sjove ting.

Hvordan laver man så et budget?

Et budget behøver ikke være svært - følg disse 5 trin:

1. **Skriv dine indtægter ned** – Hvor mange penge får du hver måned?
2. **Skriv dine faste udgifter ned** – Har du abonnementer eller andre faste udgifter?
3. **Skriv dine variable udgifter ned** – Hvor meget bruger du på mad, fornøjelser og shopping?
4. **Sæt mål** – Hvor meget vil du spare op? Hvad vil du gerne have råd til?
5. **Justér dit forbrug** – Hvis du bruger for meget, skal du måske prioritere anderledes.

Et budget hjælper dig med at få et overblik over dine penge, så du altid ved, hvad du har råd til.

Budget Case – Skal Grethe droppe ridning?

Grethe er glad for heste. Hun har gået til ridning, siden hun var 6 år gammel, og det har altid været hendes yndlingsaktivitet.

Men nu er hun 18 år, går i 3.g og skal til at flytte hjemmefra. Hun glæder sig til at stå på egne ben og klare sig selv – men det betyder også, at hun får en masse nye udgifter.

Grethe får SU som studerende, og hendes forældre hjælper hende med at lægge et budget, så hun kan få overblik over sin økonomi. Grethe er nu kommet til trin 4, hvor hun skal sætte sine mål for opsparing, men hun kan allerede se problemet.

Hendes udgifter er højere end hendes indtægter, hendes rådighedsbeløb går altså i minus, og hun springer direkte til trin 5, hvor hun er nødt til at foretage en justering, inden hun sætter sig sine mål (trin 4).

Det er især ridning og rideudstyr fylder meget i økonomien – og det er ikke noget, hun *skal* have for at få hverdagen til at fungere.

Grethes Budget - Første udkast		
Indtægter		
SU		6.820 kr.
Boligstøtte		580 kr.
Indtægter i alt		**7.400 kr.**
Udgifter		
Husleje (fast)		2.400 kr.
El, vand og varme (fast)		620 kr.
Mobil (fast)		250 kr.
Ulykke og Indboforsikring (fast)		150 kr.
Ridning og udstyr (variabel)		2.600 kr.
Café besøg (variabel)		300 kr.
Mad og husholdning (variabel)		2.000 kr.
Udgifter i alt		**8.320 kr.**
Forskel/Rådighedsbeløb	**-**	**920 kr.**
Opsparing		- kr.
Månedligt rådighedsbeløb til forkælelse og sjov	**-**	**920 kr.**

Grethe står nu over for et valg:

1. Skal hun droppe ridningen for at få budgettet til at gå op?
2. Eller skal hun tage et fritidsjob ved siden af skolen for at få råd?

Hun regner lidt på det og finder ud af, at hvis hun arbejder 6-8 timer om ugen i en butik eller som staldmedhjælper, kan hun godt få økonomien til at hænge sammen *og* beholde ridningen.

Grethe vælger at tage et lille job i weekenden – ikke kun for pengenes skyld, men fordi ridning giver hende glæde og hjælper hende med at slappe af midt i lektier og eksamenspres.

Grethes Budget - Efter justering	
Indtægter	
SU	6.820 kr.
Boligstøtte	580 kr.
Fritidsjob	3.200 kr.
Indtægter i alt	**10.600 kr.**
Udgifter	
Husleje (fast)	2.400 kr.
El, vand og varme (fast)	620 kr.
Mobil (fast)	250 kr.
Ulykke og Indboforsikring (fast)	150 kr.
Ridning og udstyr (variabel)	2.600 kr.
Café besøg (variabel)	300 kr.
Mad og husholdning (variabel)	2.000 kr.
Udgifter i alt	**8.320 kr.**
Forskel/Rådighedsbeløb	**2.280 kr.**
Opsparing	1.500 kr.
Månedligt rådighedsbeløb til forkælelse og sjov	**780 kr.**

Pointen er prioritering:

Et budget hjælper dig med at tage kloge valg. Når pengene ikke rækker til alt, må du prioritere. Det handler ikke om at give op, men om at justere – enten ved at bruge mindre eller tjene mere. Et budget giver dig et økonomisk overblik som er en nødvendighed og det behøver ikke at være kedeligt at tage ansvar.

Øvelsesopgave: Diskutér hvad Grethe ellers kunne have gjort, for at få sit budget til at balancere og måske endda spare lidt op?

Ekstra øvelse: Lav to versioner af dit eget budget

Tid: 30-40 minutter

Version 1: Dit nuværende budget
Brug budgetskemaet bagerst i bogen og skriv dine faktiske indtægter og udgifter for en typisk måned.

Version 2: Dit drømmebudget
Lav nu en version, hvor du prioriterer anderledes:

- Hvad ville du ændre, hvis du ville spare op til noget specifikt?
- Hvilke udgifter ville du skære væk?
- Ville du tage et lille job? Droppe et abonnement?

Refleksion:
Skriv 3 ting, du har lært om dine penge – og én ting, du vil gøre anderledes fra næste måned.

Når du kan lægge et budget, er du allerede foran. Du tager ansvar. Og du viser dig selv – og verden – at du er klar til at styre dine penge med omtanke og retning. Det er en vigtig livskompetence, og du er i gang med at mestre den.

Kapitel 5: At spare op – Hvorfor og hvordan?

Det er en fantastisk følelse at have penge til noget, man virkelig ønsker sig. Men hvordan sørger man for, at der altid er penge til det, man drømmer om? Svaret er simpelt: opsparing! Når du sparer op, sørger du for, at du har penge, når du har brug for dem – både til små og store ting.

Kortsigtet vs. langsigtet opsparing

Ikke alt, du sparer op til, har samme tidshorisont. Der er forskel på at spare op til en ny cykel og at spare op til en lejlighed i fremtiden. Derfor deler man ofte opsparing op i to kategorier:

Kortsigtet opsparing: Dette er penge, du sparer op til ting, du vil købe inden for få måneder, som en ny telefon, et par sneakers eller en koncertbillet.

Langsigtet opsparing: Dette er penge, du lægger til side til noget større, som en rejse, en computer eller måske endda din første bil.

Hvor meget skal man spare op?

Det kan være svært at beslutte, hvor meget man skal spare op. En god tommelfingerregel er at lægge **10-20 % af dine penge** til side hver gang, du får nogle – uanset om det er lommepenge, løn eller pengegaver. Hvis du får 500 kr., kan du fx gemme 50-100 kr. og stadig have 400-450 kr. at bruge på sjov.

Det er også en god idé at have en lille nødopsparing. Hvis du pludselig har brug for nye sko, eller din cykel går i stykker, er det rart at have penge til at dække det.

Gode sparevaner

At spare op kan føles svært, men hvis du gør det til en vane, bliver det meget nemmere! Her er nogle smarte tips:

- **Læg penge til side, så snart du får dem** – Hvis du først bruger dine penge og sparer op bagefter, er der ofte ikke noget tilbage!
- **Brug en sparegris eller en opsparingskonto** – Hvis dine penge er gemt væk, er du mindre tilbøjelig til at bruge dem.
- **Sæt dig et mål** – Når du ved, hvad du sparer op til, bliver det sjovere at lægge penge til side.
- **Undgå unødvendige småkøb** – Det kan være fristende at bruge penge på snacks eller impulskøb, men mange små køb kan hurtigt blive til en stor udgift.

At spare op handler om at tage ansvar for dine penge. Hvis du lærer at styre dine penge nu, vil du have en stor fordel, når du bliver voksen. Så hvorfor ikke begynde i dag?

Øvelsesopgave - Opsparing

1. Hvad vil du gerne spare op til, og hvad koster det?
(Skriv kort, fx: "En cykel til 2.000 kr.")

2. Hvor meget vil du spare op hver måned?
(Brug fx 10-20 % af dine penge)

3. Hvor lang tid vil det tage dig at nå dit mål?
(Regn ud: pris delt med månedlig opsparing)

KAPITEL 6: INVESTERING – FÅ PENGENE TIL AT VOKSE

Når du sparer penge op, kan du enten lade dem ligge i en sparegris eller på en bankkonto. Men vidste du, at dine penge kan vokse, hvis du investerer dem? Investering handler om at bruge dine penge klogt, så de kan blive til flere penge over tid.

Hvad er investering?

Investering betyder, at du placerer dine penge et sted, hvor de kan vokse. Når du investerer, lader du dine penge arbejde for dig. Det kan være ved at købe aktier, sætte penge ind på en opsparingskonto eller købe noget, der kan blive mere værd i fremtiden. Forestil dig, at du planter et lille frø. Hvis du vander det og giver det sollys, vil det vokse til et træ. På samme måde kan penge vokse, hvis du investerer dem rigtigt.

Aktier, renter og opsparingskonti

Der er mange måder at investere sine penge på. Her er nogle af de mest almindelige:

- **Opsparingskonto**: Hvis du sætter penge i banken, kan du få renter. Renter betyder, at banken betaler dig lidt ekstra penge, fordi du lader dem opbevare dine penge. Renterne er ofte små, men det er en sikker måde at få pengene til at vokse lidt.
- **Aktier**: Når du køber aktier, ejer du en lille del af en virksomhed. Hvis virksomheden klarer sig godt, kan dine aktier blive mere værd, og du kan sælge dem for mere, end du købte dem for.
- **Obligationer**: Dette er en form for lån, hvor du låner penge til staten eller en virksomhed, og de betaler dig renter til gengæld.
- **Andre investeringer**: Man kan også investere i ting som kunst, sjældne mønter eller kryptovaluta – men disse kan være meget risikable.

Risici ved investering

Investering lyder spændende, men det er vigtigt at forstå, at der altid er en risiko. Jo større gevinst du håber på, jo større er chancen for, at du også kan tabe penge.

- **Lav risiko**: Opsparingskonti og obligationer har lav risiko, men vokser også langsommere.
- **Mellem risiko**: Aktier kan give en god gevinst, men nogle gange falder værdien, og du kan miste penge.
- **Høj risiko**: Kryptovaluta og sjældne samlerobjekter kan stige meget i værdi, men de kan også falde hurtigt.

En god regel er aldrig at investere flere penge, end du har råd til at miste. Hvis du gerne vil prøve at investere, så start i det små og lær om markedet, før du bruger mange penge.

Når du lærer at investere klogt, kan du få dine penge til at vokse og skabe en bedre økonomisk fremtid!

Øvelsesopgave - Investering

1. Forestil dig, at du har sparet 1.000 kr. op. Du må investere dem i én af disse tre muligheder:

A) En opsparingskonto med lav rente og lav risiko
B) Aktier i en virksomhed, der kan stige eller falde i værdi
C) En sjælden mønt, som måske stiger i værdi, men måske ikke

Hvad vælger du – og hvorfor?
(Skriv kort din beslutning og forklar, hvad du håber på, og hvilke risici du tager)

____

____

____

____

____

____

KAPITEL 7: LÅN OG GÆLD – DET SKAL DU VIDE!

Penge er ikke kun noget, vi tjener og bruger – nogle gange låner vi også penge. Men at låne penge betyder, at du skal betale dem tilbage, ofte med renter. Det er vigtigt at forstå, hvordan lån fungerer, så du ikke ender med at skylde flere penge, end du kan betale tilbage.

Hvad er et lån?

Et lån er, når du får penge fra en bank, en virksomhed eller en person, men med aftalen om, at du betaler dem tilbage over tid. Lån bruges ofte til store køb som en bil, et hus eller uddannelse. Nogle gange låner vi også penge af forældre eller venner til mindre ting, men selv da er det vigtigt at være ansvarlig.

Når du låner penge, kan du ikke bare betale det samme beløb tilbage – de fleste lån har renter. Renter er det ekstra beløb, du skal betale for at låne pengene. Jo længere tid du tager om at betale lånet tilbage, jo mere kommer du til at betale i renter.

Gode og dårlige lån – lær forskellen

Ikke alle lån er dårlige, men nogle lån kan skabe store problemer, hvis du ikke passer på. Her er forskellen:

Gode lån

Gode lån bruges til noget, der kan give dig værdi i fremtiden. Det er investeringer i dig selv og din fremtid og det kan for eksempel være:

- Et **SU-lån** kan hjælpe dig med at tage en uddannelse, så du senere kan tjene flere penge.
- Et **boliglån** giver dig mulighed for at købe en bolig, som måske stiger i værdi over tid.
- Et **billån** kan også være fornuftigt, hvis bilen gør det muligt for dig at arbejde eller uddanne dig.

Fælles for gode lån er, at renten typisk er lav, og du betaler af på noget, der holder eller stiger i værdi.

Dårlige lån

Dårlige lån er penge, du låner til forbrug – altså ting, som mister værdi hurtigt, og som du måske slet ikke havde brug for. Det kan fx være:

- Et **kviklån** på mobilen, hvor du låner 3.000 kr., men betaler 6.000 kr. tilbage.

- En **afbetalingsordning** på tøj eller elektronik, hvor renter og gebyrer hurtigt løber op.

- Et **kreditkøb** med høj rente, fordi du ikke havde pengene, men købte det alligevel.

Problemet med dårlige lån er, at du ofte ender med at betale meget mere, end det du købte, var værd.

ÅOP

Når du kigger på lån, så glem et kort øjeblik den lave rente, de reklamerer med, det gennemgår vi lige om lidt.

Kig i stedet efter **ÅOP** – årlige omkostninger i procent. Det er det vigtigste tal, fordi det viser den samlede pris på lånet pr. år – altså *alle renter og gebyrer lagt sammen.*

Jo højere ÅOP, jo dyrere er lånet.

- En ÅOP under 5-10 % er normalt for gode lån.
- En ÅOP over 25 % er meget dyrt.
- En ÅOP over 100 % er et faresignal – her skal du holde dig langt væk!

Eksempel:

Du låner 2.000 kr.

– Med en ÅOP på 8 % koster lånet måske 2.100 kr.

– Med en ÅOP på 300 % ender du med at betale 4.000 kr. eller mere!

Husk:

- Gode lån investerer i din fremtid.
- Dårlige lån tømmer din fremtidige økonomi.
- ÅOP viser dig den ærlige pris på lånet. Brug det som din overordnede økonomiske røntgenscanner.

Hvordan renter fungerer

Renter er en vigtig del af lån, fordi de bestemmer, hvor meget ekstra du skal betale tilbage. Jo højere renten er, og jo længere tid du har lånet, desto dyrere bliver det.

Forestil dig, at du låner 1.000 kr. med en rente på 10 % om året. Efter et år skal du betale 1.100 kr. tilbage. Hvis du venter endnu et år med at betale lånet, skal du betale renter af de 1.100 kr., og så vokser beløbet endnu mere. Det kaldes **rentes rente**, og det kan gøre et lån meget dyrere over tid.

Hvordan undgår man gældsfælder?

For at undgå at komme i økonomiske problemer er det vigtigt at tænke sig om, før man låner penge. Her er nogle gode råd:

- **Lån kun penge, hvis du virkelig har brug for det** – og kun hvis du er sikker på, at du kan betale tilbage.
- **Tjek renten** – En lav rente betyder, at du betaler mindre ekstra.
- **Lav en tilbagebetalingsplan** – Sørg for, at du kan betale lånet tilbage så hurtigt som muligt.
- **Undgå impulslån** – Kviklån og hurtige afbetalingsordninger har ofte ekstremt høje renter.

At forstå, hvordan lån og gæld fungerer, hjælper dig med at tage gode økonomiske beslutninger. Hvis du bruger lån klogt, kan de hjælpe dig – men hvis du låner uden en plan, kan de skabe store problemer.

Løs opgaverne på de næste par sider og øv dig i at gennemskue, hvad lån *faktisk* koster – og hvordan du kan træffe smartere økonomiske valg. Når du forstår renter og ÅOP, er du allerede langt foran mange voksne.

Øvelsesopgave – Lån, gæld og ÅOP

Forestil dig, at du låner 1.000 kr. af en bank med 10 % i rente om året.

1. Hvor meget skal du betale tilbage efter ét år?
   (Skriv beløbet i kroner)

---

2. Hvad sker der, hvis du venter endnu et år med at betale tilbage?
   (Skriv med dine egne ord, hvad der sker med beløbet og hvorfor)

---

3. Er dette et godt eller dårligt lån?
   (Forklar kort hvorfor – tænk over, hvad pengene bruges til, og om renten er rimelig)

Ekstra opgave - ÅOP

Nu forestil dig, at du skal låne 5.000 kr. til en ny computer. Du har to tilbud:

- **Lån A**: Lav månedlig ydelse, men en **ÅOP på 28 %**
- **Lån B**: Højere månedlig ydelse, men en **ÅOP på 7 %**

4. Hvilket lån er bedst – og hvorfor?
   (Tænk over den samlede pris og hvad ÅOP fortæller dig)

---

5. Kunne det være en bedre idé at spare op i stedet for at tage et lån?
   (Skriv dine tanker – der er ikke et rigtigt eller forkert svar, så længe du forklarer din beslutning)

Kapitel 8: Forbrugerfærdigheder – Bliv en klog køber

At bruge penge klogt handler ikke kun om at have et budget eller spare op – det handler også om at træffe smarte valg, når du køber noget.

Hvis du ved, hvordan du sammenligner priser, forstår skjulte gebyrer og kender dine rettigheder som forbruger, kan du undgå at spilde dine penge.

Sammenlign priser og tilbud

Har du nogensinde købt noget og bagefter set det billigere et andet sted? For at undgå dette kan du sammenligne priser, før du køber:

- **Tjek forskellige butikker og hjemmesider** – Det samme produkt kan koste forskelligt afhængigt af, hvor du køber det.
- **Vent på udsalg** – Hvis du kan vente lidt, kan du ofte få varen billigere.
- **Brug pris-sammenligningsværktøjer** – Nogle hjemmesider og apps viser, hvor du kan finde den bedste pris.
- **Tjek kvaliteten** – En billig vare er ikke altid en god handel, hvis den går hurtigt i stykker.

Forstå abonnementer og skjulte gebyrer

Mange tjenester som streaming, mobilabonnementer og spil har månedlige betalinger. Små beløb hver måned kan hurtigt blive til mange penge over tid. Her er nogle ting, du skal være opmærksom på:

- **Læs betingelserne** – Nogle abonnementer har skjulte gebyrer eller binder dig i flere måneder.
- **Opsig abonnementer, du ikke bruger** – Mange glemmer at afmelde sig og betaler for noget, de ikke bruger.
- **Tjek automatisk fornyelse** – Nogle abonnementer fornyer sig selv uden advarsel.

Returnering, reklamation og dine rettigheder

Nogle gange køber vi noget, der ikke virker eller ikke lever op til vores forventninger. Det er vigtigt at kende dine rettigheder:

- **Returnering** – Hvis du fortryder et køb, kan du i mange butikker returnere varen, hvis den er ubrugt og i original emballage.
- **Reklamation** – Hvis en vare går i stykker for hurtigt, kan du ofte få den repareret eller få pengene tilbage.
- **Gem kvitteringer** – Hvis du skal bytte eller klage over en vare, har du brug for en kvittering som bevis.

Ved at forstå dine rettigheder og være en opmærksom køber kan du spare penge og undgå dårlige køb. Når du lærer at bruge dine penge klogt, får du mere værdi for dem og sikrer, at du altid træffer de bedste valg!

KAPITEL 9: PENGE OG TEKNOLOGI – MOBILBANK, KRYPTOVALUTA OG SVINDEL

I dag bruger vi ikke kun kontanter og kort til at betale – meget af vores økonomi er blevet digital. Teknologi gør det lettere at sende og modtage penge, men det betyder også, at vi skal være ekstra opmærksomme på sikkerheden.

MobilePay, PayPal og digitale betalinger

Mange mennesker betaler nu med deres mobiltelefon eller online tjenester i stedet for kontanter. Her er nogle populære måder at betale digitalt på:

- **MobilePay** – En app, hvor du kan sende penge til venner eller betale i butikker.
- **PayPal** – En sikker betalingsløsning til online shopping og pengeoverførsler.
- **Kontaktløse kort** – Du kan betale i butikker ved blot at holde dit kort hen til en kortlæser.

Disse løsninger er hurtige og praktiske, men det er vigtigt at beskytte dine betalingsoplysninger og aldrig dele din adgangskode med andre.

Hvad er kryptovaluta?

Kryptovaluta er en form for digitale penge, der kun findes på internettet. Den mest kendte kryptovaluta er **Bitcoin**, men der findes mange andre. Kryptovaluta fungerer uden banker, og værdien kan stige og falde meget hurtigt.

Her er nogle ting, du skal vide om kryptovaluta:

- Den kan være en investering, men den er meget risikabel.
- Kryptovaluta bruges ofte til onlinehandel, men ikke alle butikker accepterer den.
- Du skal have en digital "wallet" for at opbevare din kryptovaluta.

Mange mennesker har tjent penge på kryptovaluta, men endnu flere har mistet penge, fordi værdien kan ændre sig meget hurtigt.

Pas på fupnume og svindel

Når penge bliver digitale, er der desværre også svindlere, der forsøger at snyde folk. Her er nogle ting, du skal passe på:

- **Falske beskeder og e-mails** – Hvis du modtager en besked om, at du skal sende penge eller give dine kortoplysninger, så vær skeptisk. Banker og virksomheder vil aldrig bede om dine adgangskoder.
- **Falske konkurrencer** – Hvis noget lyder for godt til at være sandt (fx "Du har vundet 10.000 kr.!"), er det ofte svindel.
- **Uærlige onlinekøb** – Køb kun fra sikre hjemmesider, og tjek altid anmeldelser før du bestiller noget.

En god regel er: **Del aldrig dine kortoplysninger eller adgangskoder med nogen!** Hvis du er i tvivl, så spørg en voksen eller din bank.

Teknologi har gjort det nemmere end nogensinde før at håndtere penge, men det kræver også, at vi tænker os om. Ved at forstå digitale betalinger, kryptovaluta og svindel kan du beskytte dine penge og bruge dem sikkert!

Kapitel 10: At sætte mål – Hvad vil du bruge dine penge til?

At have penge er godt, men at have en plan for, hvad du vil bruge dem til, er endnu bedre. Hvis du sætter økonomiske mål, bliver det lettere at styre dine penge og sikre, at du bruger dem på noget, der virkelig betyder noget for dig.

Økonomiske mål: kort, mellem og lang sigt

Der er forskel på at spare op til en ny telefon og at spare op til en lejlighed. Derfor kan det være en god idé at dele dine mål op i tre kategorier:

- **Kortsigtede mål (0-6 måneder):** Dette kan være ting som en ny trøje, en biograftur eller en koncertbillet.
- **Mellemlangt sigt (6 måneder – 3 år):** Her sparer du måske op til en ny telefon, en computer eller en ferie.
- **Langsigtede mål (3+ år):** Dette kan være en bil, en lejlighed eller en større investering.
- Hvis du har en god balance mellem disse tre typer mål, kan du både nyde dine penge nu og sikre, at du har penge til større ting i fremtiden.

Hvordan holder man motivationen?

Det kan nogle gange være svært at holde motivationen, når man sparer op til noget stort. Her er nogle tips til at holde dig på sporet:

- **Lav en visuel plan:** Lav en tegning, et diagram eller en liste over, hvad du sparer op til, og følg med i, hvor tæt du er på målet.
- **Belønn dig selv undervejs:** Hvis du fx vil spare 5.000 kr., kan du give dig selv en lille belønning for hver 1.000 kr., du sparer op.
- **Tænk på, hvorfor du sparer op:** Hvis du virkelig gerne vil have noget, vil det føles meget bedre at købe det, når du ved, at du har arbejdet for det.

At tage ansvar for sine penge

Når du lærer at styre dine penge, får du mere frihed. Hvis du ved, hvordan du skal tjene, spare og bruge dine penge klogt, vil du have større muligheder i fremtiden. Økonomisk ansvar handler om:

- **At tænke over dine valg:** Overvej altid, om et køb er nødvendigt, eller om pengene kunne bruges bedre.
- **At tage kontrol over din økonomi:** Sæt dig ind i, hvor dine penge kommer fra, og hvor de går hen.
- **At undgå økonomiske problemer:** Hvis du styrer dine penge godt, undgår du at havne i situationer, hvor du mangler penge til noget vigtigt.

At have styr på sine penge betyder ikke, at man aldrig må bruge dem – det betyder, at man bruger dem på de rigtige ting. Når du sætter gode økonomiske mål og arbejder for at nå dem, vil du opdage, at penge kan være en vej til frihed og muligheder!

TIPS OG TRICKS

At betale regninger og holde styr på sine penge er en vigtig del af økonomisk ansvar. Her er nogle gode tips til, hvordan du håndterer forskellige betalingsformer:

Sådan betaler du en regning i din netbank

Almindelig kontooverførsel

En kontooverførsel er en nem måde at sende penge fra din konto til en anden persons konto. Det kan være, hvis du skal betale en ven for en middag, overføre penge til dine forældre eller betale husleje.

Hvordan fungerer en kontooverførsel?

Når du laver en kontooverførsel, skal du bruge følgende oplysninger:

- **Registreringsnummer (Reg.nr**.): De første fire cifre i en kontonummerkombination, der angiver, hvilken bank modtagerens konto er i.
- **Kontonummer:** Et unikt nummer, der identificerer modtagerens bankkonto.
- **Beløb:** Det beløb, du ønsker at overføre.
- **Tekst til modtager:** En kort besked (f.eks. "Tak for maden!"), så modtageren kan se, hvad betalingen handler om.

Sådan laver du en kontooverførsel

1. Åbn din netbank eller MobilePay.
2. Vælg 'Overfør penge' eller 'Kontooverførsel'.
3. Indtast modtagerens reg.nr. og kontonummer.
4. Indtast det beløb, du vil sende.
5. Skriv en kort besked til modtageren (valgfrit).
6. Bekræft og gennemfør overførslen.

Hvor hurtigt går pengene ind?

- Straksoverførsel: Penge overføres med det samme.
- Almindelig overførsel: Pengene går normalt ind næste hverdag.
- Sammedagsbetaling: Nogle banker tilbyder overførsler, der går ind samme dag, hvis de er lavet inden en bestemt tidsfrist.

Fordele ved kontooverførsler

- Det er hurtigt og sikkert.
- Du kan sende penge til enhver, der har en bankkonto.
- Det er gratis eller meget billigt at overføre penge mellem danske konti.

Ved at lære at lave kontooverførsler kan du nemt sende og modtage penge uden at skulle have kontanter på dig!

FIK-betalinger

Måske har du set en lang række tal på en regning og tænkt: "Hvad betyder det?" Det er en FIK-kode (FI-Kreditorkode), som bruges til at betale regninger nemt og sikkert.

Hvordan fungerer en FIK-betaling?

En FIK-betaling bruges til at sende penge direkte til en virksomhed eller en organisation. Det sker ved at indtaste en lang kode i din netbank eller MobilePay.

En typisk FIK-kode ser sådan ud: **+71**

- **71 eller 73**: Dette tal viser, hvilken type regning det er.
- **OCR-nummer**: Den lange talrække er en unik identifikation af din betaling.
- **Kreditornummer**: Viser, hvem der skal modtage betalingen.

Sådan betaler du en regning med en FIK-kode

1. Åbn din netbank eller MobilePay.
2. Vælg 'Betal regning'.
3. Indtast FIK-koden fra regningen.
4. Bekræft beløbet og tryk 'Betal'.
5. Tjek din kvittering for at sikre, at betalingen er gennemført.

Hvorfor bruges FIK-betalinger?

- De sikrer, at pengene går direkte til den rette modtager.
- De gør det nemmere at holde styr på regninger og betalinger.
- Mange virksomheder bruger dem til abonnementer, el- og vandregninger.

Ved at lære at bruge FIK-betalinger undgår du rykkere og gebyrer – og du får bedre styr på din privatøkonomi!

Faste overførsler – Sådan opretter du en automatisk betaling

Hvis du betaler den samme regning hver måned, f.eks. husleje, mobilabonnement eller opsparing til din konto, kan du oprette en fast overførsel. Dette sikrer, at pengene bliver overført automatisk på en bestemt dato, så du ikke behøver at huske det hver gang.

Hvordan fungerer en fast overførsel?

En fast overførsel er en tilbagevendende betaling, hvor du selv vælger:

- Modtagers registreringsnummer og kontonummer.
- Beløb – hvor meget der skal betales hver gang.
- Frekvens – hvor ofte betalingen skal ske (månedligt, ugentligt osv.).
- Første og sidste betalingsdato – hvornår betalingen starter og evt. stopper.

Sådan opretter du en fast overførsel

1. Log ind i din netbank.
2. Vælg 'Betalinger' og derefter 'Opret fast overførsel'.
3. Indtast modtagerens reg.nr. og kontonummer.
4. Indtast det faste beløb, der skal overføres.
5. Vælg, hvor ofte betalingen skal ske (fx hver måned).
6. Sæt en startdato og eventuel slutdato.
7. Bekræft og gem overførslen.

Fordele ved faste overførsler

- Automatisk betaling – du slipper for at huske det hver gang.
- Undgå rykkergebyrer – regninger bliver betalt til tiden.
- God til opsparing – du kan automatisk sætte penge til side hver måned.

Ved at bruge faste overførsler kan du nemt styre din økonomi og sikre, at dine vigtige betalinger altid sker til tiden!

Sådan tilmelder du dig PBS (Betalingsservice)

PBS, også kaldet **Betalingsservice**, gør det nemt at betale regninger automatisk, så du aldrig glemmer en betaling og undgår rykkergebyrer. Når du tilmelder dine regninger til Betalingsservice, bliver de trukket automatisk fra din konto på forfaldsdatoen.

Trin-for-trin guide til at tilmelde en regning til Betalingsservice:

1. **Find dine betalingsoplysninger**
   - Når du skal tilmelde en regning til PBS, skal du bruge en betalingsservicekode og et debitorgruppenummer. Disse oplysninger finder du ofte på din regning eller faktura.
2. **Log ind på din netbank**
   - Åbn din banks netbank eller mobilbank.
   - Gå til menuen for **Betalingsservice** eller **Automatiske betalinger**.
3. **Indtast oplysningerne**
   - Indtast betalingsservicekoden, debitorgruppenummeret og dit kundenummer, hvis det er nødvendigt.
   - Tjek at oplysningerne stemmer overens med dem, der står på din regning.

4. **Godkend tilmeldingen**
    - Når du har udfyldt oplysningerne, skal du godkende med din NemID eller MitID.
5. **Fremover betales regningen automatisk**
    - Når du har tilmeldt regningen til Betalingsservice, bliver den fremover trukket automatisk fra din konto hver måned eller hver gang den forfalder.
    - Du kan altid se dine kommende betalinger i din netbank under **Betalingsservice-aftaler**.

Fordele ved at bruge Betalingsservice:

✅ Du slipper for at huske forfaldsdatoer.
✅ Du undgår rykkergebyrer og renter.
✅ Du kan altid følge med i betalingerne via din netbank.
✅ Du kan opsige eller ændre en aftale, hvis du ikke længere vil betale automatisk.

Ved at tilmelde dine faste regninger til Betalingsservice får du bedre styr på din økonomi og sikrer, at dine betalinger altid sker til tiden.

Budgeteksempler

Budgetskema, unge hjemmeboende													
Indtægter	**Januar**	**Februar**	**Marts**	**April**	**Maj**	**Juni**	**Juli**	**August**	**September**	**Oktober**	**November**	**December**	**I alt**
Fritidsarbejde	1.500 kr.	1.500 kr.	1.500 kr.	1.500 kr.	1.500 kr.	1.500 kr.	1.500 kr.	1.500 kr.	1.500 kr.	1.500 kr.	1.500 kr.	1.500 kr.	18.000 kr.
Lommepenge	200 kr.	200 kr.	200 kr.	200 kr.	200 kr.	200 kr.	200 kr.	200 kr.	200 kr.	200 kr.	200 kr.	200 kr.	2.400 kr.
Indtægter i alt netto	**1.700 kr.**	**1.700 kr.**	**1.700 kr.**	**1.700 kr.**	**1.700 kr.**	**1.700 kr.**	**1.700 kr.**	**1.700 kr.**	**1.700 kr.**	**1.700 kr.**	**1.700 kr.**	**1.700 kr.**	**20.400 kr.**
Omkostninger													
Fritidsaktiviteter													
Gymnastik/Håndbold	150 kr.	150 kr.	150 kr.	150 kr.	150 kr.	150 kr.	150 kr.	150 kr.	150 kr.	150 kr.	150 kr.	150 kr.	1.800 kr.
Multimedie og personlige													
Telefon	150 kr.	150 kr.	150 kr.	150 kr.	150 kr.	150 kr.	150 kr.	150 kr.	150 kr.	150 kr.	150 kr.	150 kr.	1.800 kr.
Streamingtjenester	150 kr.	150 kr.	150 kr.	150 kr.	150 kr.	150 kr.	150 kr.	150 kr.	150 kr.	150 kr.	150 kr.	150 kr.	1.800 kr.
Cafébesøg og andre sociale aktiviteter	400 kr.	400 kr.	400 kr.	400 kr.	400 kr.	400 kr.	400 kr.	400 kr.	400 kr.	400 kr.	400 kr.	400 kr.	4.800 kr.
Tøj	250 kr.	250 kr.	250 kr.	250 kr.	250 kr.	250 kr.	250 kr.	250 kr.	250 kr.	250 kr.	250 kr.	250 kr.	3.000 kr.
Omkostninger i alt	**1.100 kr.**	**1.100 kr.**	**1.100 kr.**	**1.100 kr.**	**1.100 kr.**	**1.100 kr.**	**1.100 kr.**	**1.100 kr.**	**1.100 kr.**	**1.100 kr.**	**1.100 kr.**	**1.100 kr.**	**13.200 kr.**
Rådighedsbeløb før opsparing	**600 kr.**	**600 kr.**	**600 kr.**	**600 kr.**	**600 kr.**	**600 kr.**	**600 kr.**	**600 kr.**	**600 kr.**	**600 kr.**	**600 kr.**	**600 kr.**	**7.200 kr.**
Opsparing	600 kr.	600 kr.	600 kr.	600 kr.	600 kr.	600 kr.	600 kr.	600 kr.	600 kr.	600 kr.	600 kr.	600 kr.	**7.200 kr.**

Budgetskema, unge udeboende

Indtægter	Januar	Februar	Marts	April	Maj	Juni	Juli	August	September	Oktober	November	December	I alt
Lønindtægt, SU	7.200 kr.	7.200 kr.	7.200 kr.	7.200 kr.	7.200 kr.	7.200 kr.	7.200 kr.	7.200 kr.	7.200 kr.	7.200 kr.	7.200 kr.	7.200 kr.	86.400 kr.
Fritidsarbejde	3.200 kr.	3.200 kr.	3.200 kr.	3.200 kr.	3.200 kr.	3.200 kr.	3.200 kr.	3.200 kr.	3.200 kr.	3.200 kr.	3.200 kr.	3.200 kr.	38.400 kr.
Boligstøtte	580 kr.	580 kr.	580 kr.	580 kr.	580 kr.	580 kr.	580 kr.	580 kr.	580 kr.	580 kr.	580 kr.	580 kr.	6.960 kr.
Indtægter i alt netto	**10.980 kr.**	**10.980 kr.**	**10.980 kr.**	**10.980 kr.**	**10.980 kr.**	**10.980 kr.**	**10.980 kr.**	**10.980 kr.**	**10.980 kr.**	**10.980 kr.**	**10.980 kr.**	**10.980 kr.**	**131.760 kr.**
Omkostninger													
Bolig													
Husleje	2.400 kr.	2.400 kr.	2.400 kr.	2.400 kr.	2.400 kr.	2.400 kr.	2.400 kr.	2.400 kr.	2.400 kr.	2.400 kr.	2.400 kr.	2.400 kr.	28.800 kr.
El	420 kr.	420 kr.	420 kr.	420 kr.	420 kr.	420 kr.	420 kr.	420 kr.	420 kr.	420 kr.	420 kr.	420 kr.	5.040 kr.
Vand	150 kr.	150 kr.	150 kr.	150 kr.	150 kr.	150 kr.	150 kr.	150 kr.	150 kr.	150 kr.	150 kr.	150 kr.	1.800 kr.
Varme	430 kr.	430 kr.	430 kr.	430 kr.	430 kr.	430 kr.	430 kr.	430 kr.	430 kr.	430 kr.	430 kr.	430 kr.	5.160 kr.
Lån													
Banklån	500 kr.	500 kr.	500 kr.	500 kr.	500 kr.	500 kr.	500 kr.	500 kr.	500 kr.	500 kr.	500 kr.	500 kr.	6.000 kr.
Forsikringer													
Ulykke og Indboforsikring	250 kr.	250 kr.	250 kr.	250 kr.	250 kr.	250 kr.	250 kr.	250 kr.	250 kr.	250 kr.	250 kr.	250 kr.	3.000 kr.
Multimedie og personlige													
Telefon	300 kr.	300 kr.	300 kr.	300 kr.	300 kr.	300 kr.	300 kr.	300 kr.	300 kr.	300 kr.	300 kr.	300 kr.	3.600 kr.
Internet + tv	300 kr.	300 kr.	300 kr.	300 kr.	300 kr.	300 kr.	300 kr.	300 kr.	300 kr.	300 kr.	300 kr.	300 kr.	3.600 kr.
Fagforering og A-kasse	932 kr.	932 kr.	932 kr.	932 kr.	932 kr.	932 kr.	932 kr.	932 kr.	932 kr.	932 kr.	932 kr.	932 kr.	11.184 kr.
Fitnesscenter	200 kr.	200 kr.	200 kr.	200 kr.	200 kr.	200 kr.	200 kr.	200 kr.	200 kr.	200 kr.	200 kr.	200 kr.	2.400 kr.
Medicin	40 kr.	40 kr.	40 kr.	40 kr.	40 kr.	40 kr.	40 kr.	40 kr.	40 kr.	40 kr.	40 kr.	40 kr.	480 kr.
Mad og husholdning	2.500 kr.	2.500 kr.	2.500 kr.	2.500 kr.	2.500 kr.	2.500 kr.	2.500 kr.	2.500 kr.	2.500 kr.	2.500 kr.	2.500 kr.	2.500 kr.	30.000 kr.
Omkostninger i alt	**8.422 kr.**	**8.422 kr.**	**8.422 kr.**	**8.422 kr.**	**8.422 kr.**	**8.422 kr.**	**8.422 kr.**	**8.422 kr.**	**8.422 kr.**	**8.422 kr.**	**8.422 kr.**	**8.422 kr.**	**101.064 kr.**
Rådighedsbeløb før opsparing	**2.558 kr.**	**2.558 kr.**	**2.558 kr.**	**2.558 kr.**	**2.558 kr.**	**2.558 kr.**	**2.558 kr.**	**2.558 kr.**	**2.558 kr.**	**2.558 kr.**	**2.558 kr.**	**2.558 kr.**	**30.696 kr.**
Opsparing	2.000 kr.	2.000 kr.	2.000 kr.	2.000 kr.	2.000 kr.	2.000 kr.	2.000 kr.	2.000 kr.	2.000 kr.	2.000 kr.	2.000 kr.	2.000 kr.	**24.000 kr.**
Månedligt rådighedsbeløb til forkælelse og sjov	**558 kr.**	**558 kr.**	**558 kr.**	**558 kr.**	**558 kr.**	**558 kr.**	**558 kr.**	**558 kr.**	**558 kr.**	**558 kr.**	**558 kr.**	**558 kr.**	**6.696 kr.**

PengeQuiz – test din viden om økonomi

Spørgsmål 1:

Hvad er den sikreste måde at opbevare dine penge på?

A) Under madrassen

B) På en opsparingskonto

C) I en slikæske

Spørgsmål 2:

Hvilken af disse er en **fast udgift**?

A) Husleje

B) En biografbillet

C) En ny telefon

Spørgsmål 3:

Hvad betyder det at investere?

A) At bruge alle sine penge på en gang

B) At placere penge, så de kan vokse i værdi

C) At give penge væk

Spørgsmål 4:

Hvad er en god måde at undgå impulskøb på?

A) Købe ting så hurtigt som muligt

B) Vente 24 timer og se, om du stadig vil have det

C) Købe ting uden at kigge på prisen

Spørgsmål 5:

Hvad er en FIK-betaling?

A) En metode til at tjene penge hurtigt

B) En betalingstype, der bruges til regninger

C) En ny form for kryptovaluta

Spørgsmål 6:
Hvilken af følgende er en god sparevane?
A) Bruge alle sine penge med det samme
B) Lægge penge til side, så snart man får dem
C) Kun spare op, hvis man har penge tilbage sidst på måneden

Spørgsmål 7:
Hvad betyder renter?
A) Ekstra penge, du får, når du sparer op eller låner ud
B) En ny type valuta
C) En rabat, når du køber noget

Spørgsmål 8:
Hvilken af disse apps bruges ofte til digitale betalinger?
A) MobilePay
B) TikTok
C) Snapchat

Spørgsmål 9:
Hvorfor bør du være forsigtig med kryptovaluta?
A) Den kan ændre værdi meget hurtigt
B) Den kan ikke bruges i butikker
C) Det er det samme som kontanter

Spørgsmål 10:
Hvorfor er det vigtigt at sætte økonomiske mål?
A) Fordi man altid skal købe de dyreste ting
B) For at styre sine penge og opnå det, man gerne vil
C) Fordi man ellers aldrig må bruge penge

Se svarnøgle på næste side.

Svarnøgle:

1: B
2: A
3: B
4: B
5: B
6: B
7: A
8: A
9: A
10: B

Hvordan klarede du dig?

✅ **8-10 rigtige**: Pengeguru! Du har styr på din økonomi. 💰

✅ **5-7 rigtige**: Økonomisk begynder – men du er på vej! 💡

✅ **0-4 rigtige**: Måske skulle du læse bogen en gang til? 😉

Tak fordi du ville læse med. Hvis du ønsker flere tips og tricks om din privatøkonomi. Så kom og følg os på instagram @PENGE_MAGI_DK eller gå ind på vores hjemmeside www.pengemagi.dk

Her kan du gratis få tilsendt budgetskemaer og tilmelde dig til online webinarer om privatøkonomi. Der er skræddersyede kurser til både unge, og voksne der gerne vil have bedre styr på økonomien.

Det er også muligt at booke privat rådgivning, både online og som fysiske møder. Der kan ligeledes laves skræddersyede kurser til institutioner og skoler

Jeg håber at du har fået en god grundforståelse for penge og økonomi. Husk at bogen også kan bruges som opslagsværk.

Ønsker dig en glædelig og økonomisk god tilværelse.

De bedste hilsner fra

Pengemagi.dk

@PENGE_MAGI_DK

Budgetskema, unge hjemmeboende

Indtægter	**Januar**	**Februar**	**Marts**	**April**	**Maj**	**Juni**	**Juli**	**August**	**September**	**Oktober**	**November**	**December**	**I alt**
Fritidsarbejde													- kr.
Lommepenge													- kr.
Indtægter i alt netto	**- kr.**	**- kr.**	**- kr.**	**- kr.**	**- kr.**	**- kr.**	**- kr.**	**- kr.**	**- kr.**	**- kr.**	**- kr.**	**- kr.**	**- kr.**
Omkostninger													
Fritidsaktiviteter													
Gymnastik/Håndbold													- kr.
Multimedie og personlige													
Telefon													- kr.
Streamingtjenester													- kr.
Cafébesøg og andre sociale													
aktiviteter													- kr.
Tøj													- kr.
Omkostninger i alt	**- kr.**	**- kr.**	**- kr.**	**- kr.**	**- kr.**	**- kr.**	**- kr.**	**- kr.**	**- kr.**	**- kr.**	**- kr.**	**- kr.**	**- kr.**
Rådighedsbeløb før opsparing	**- kr.**	**- kr.**	**- kr.**	**- kr.**	**- kr.**	**- kr.**	**- kr.**	**- kr.**	**- kr.**	**- kr.**	**- kr.**	**- kr.**	**- kr.**
Opsparing	- kr.	- kr.	- kr.	- kr.	- kr.	- kr.	- kr.	- kr.	- kr.	- kr.	- kr.	- kr.	**- kr.**

Budgetskema, unge udeboende

Indtægter	Januar	Februar	Marts	April	Maj	Juni	Juli	August	September	Oktober	November	December	I alt
Lønindtægt, SU													- kr.
Fritidsarbejde													- kr.
Boligstøtte													- kr.
Indtægter i alt netto	- kr.	- kr.	- kr.	- kr.	- kr.	- kr.	- kr.	- kr.	- kr.	- kr.	- kr.	- kr.	- kr.
Omkostninger													
Bolig													
Husleje													- kr.
El													- kr.
Vand													- kr.
Varme													- kr.
Lån													
Banklån													- kr.
Forsikringer													
Ulykke og Indboforsikring													- kr.
Multimedie og personlige													
Telefon													- kr.
Internet + tv													- kr.
Fagforering og A-kasse													- kr.
Fitnesscenter													- kr.
Medicin													- kr.
Mad og husholdning													- kr.
Omkostninger i alt	- kr.	- kr.	- kr.	- kr.	- kr.	- kr.	- kr.	- kr.	- kr.	- kr.	- kr.	- kr.	- kr.
Rådighedsbeløb før opsparing	- kr.	- kr.	- kr.	- kr.	- kr.	- kr.	- kr.	- kr.	- kr.	- kr.	- kr.	- kr.	- kr.
Opsparing													- kr.
Månedligt rådighedsbeløb til forkælelse og sjov	- kr.	- kr.	- kr.	- kr.	- kr.	- kr.	- kr.	- kr.	- kr.	- kr.	- kr.	- kr.	- kr.